Hans-Jürgen Sträter (Hrsg.)

„Lieber Joseph!" –
„Lieber Siegfried!"

Freundschaftliches Gespräch

zwischen zwei Planeten

Impressum

„Lieber Joseph!" – „Lieber Siegfried!"

Freundschaftliches Gespräch zwischen zwei Planeten

ISBN: 9783755776581

Hrsg.:   © 2021, Hans-Jürgen Sträter

Coverbild: Wikimedia Commons: Planetarium Niebo Kopernika -
                        Centrum Nauki Kopernik w Warszawie, fot. W.Surdziel.
                        Archiwum CNK, Author: Wojciech Surdziel, 14. 2. 2017

Herstellung und Verlag: BoD – Books on Demand, Norderstedt

Ausgabe vom   1. Januar 2022

Inhalt

Erfurt, 6. Nov. 2020

Lieber Herr Sträter,

ich danke Ihnen herz-
lich für das schöne Büch-
lein mit dem „freundschaftlichen Gespräch zwischen zwei
Beamten". Siegfried H. wird sich
darüber sehr freuen.
Und ich habe mich auch gefreut! Herzliche Grüße.
                Ihr Franz Georg Trieme

4

Vorwort

Josef Ratzinger und Siegfried Hübner studierten 1947/48 (kurz nach Ende des 2. Weltkrieges – mit großen Erwartungen für eine bessere Zukunft) in München gemeinsam Theologie bei Prof. Gottlieb Söhngen.

Der vorliegende Briefwechsel der beiden Geistlichen von 2013 (also 65 Jahre später) geht darauf ein und zeigt, trotz unterschiedlicher Lebenswege und Einstellungen, einen freundschaftlichen Umgang miteinander.

Mehrfach wird dabei an die Worte erinnert: „Wir können in einer Kirche theologisch auf zwei verschiedenen Planeten leben" – „Im Tiefsten sind wir eins!"

Dieses einmalige und kostbare Zeitdokument sollte nicht in irgendeiner Schublade in Vergessenheit geraten…

Der Herausgeber

Dr. Siegfried Hübner Or   6. 4. 2013

Dozent i.R. / ehem. Phil.-Theol. Studium Erfirt

Siedlung 10

D-01819 Kurort Berggießhübel / Sachsen

An

Papst em. Benedikt XVI.

Herrn Dr. Joseph Ratzinger

Rom

Lieber Joseph!

Am 19. April 2005 habe ich Dir in Erinnerung an unsere gemeinsame theologische Herkunft aus dem Seminar Gottlieb Söhngens in München 1847/48 von Herzen Glück und Segen gewünscht für Dein Leben und Wirken in dem hohen Amt, zu dem Du erwählt worden bist.

Ich war überrascht und habe mich sehr gefreut, unter einem Papst leben zu können, zu dem ich „Du" sagen durfte. Nach Deinem epochemachenden Verzicht will ich

Dir nun nochmals ein Zeichen meiner herzlich bleibenden Verbundenheit geben.

Mit großer Aufmerksamkeit und innerer Anteilnahme habe ich Dein Wirken als Bischof von Rom wahrgenommen und danke Dir für alle Mühen und Schmerzen, die Du für uns alle auf Dich genommen hast. Ich habe auch zu verstehen versucht, in welchen Schritten Du „vorangehen" wolltest, wie Du es in Deinen ersten Worten als Papst angekündigt hattest. Du wirst verstehen, dass ich mich dabei zunehmend Deines Wortes erinnerte, wir können in der einen Kirche „theologisch auf zwei verschiedenen Planeten" leben (Aus meinem Leben, 131). Aber ich habe mir auch immer abschließend gesagt – wie übrigens auch oft nach Streitgesprächen mit Deinen und meinen Freunden: Theobald Beer, Heinz Schürmann, Hans Lubscyk…: „Im Tiefsten sind wir eins!"

Nun wünsche ich Dir von Herzen zu Deinem Geburtstag und darüber hinaus, dass Gott Dir gütig erfüllt, was Du von Deinem einzigartigen Ruhestand erwartest und erhoffst, in den Du eingetreten bist.

Inzwischen habe ich meinen 90. Geburtstag begehen können. Einige Texte lege ich Dir bei, aus denen Du erkennen kannst, wie ich diese dramatische Situation unseres Glaubens und unserer Kirche verstehe und erlebe. Falls Du Interesse hast und Zeit findest, von Ihnen Kenntnis zu nehmen, wirst Du vielleicht das eine oder andere Wort als eine bedenkenswerte Erinnerung oder auch als einen brüderlichen Zuspruch empfinden können.

In der bleibenden Gemeinschaft des Glaubens, der Hoffnung und der Liebe

Dein Siegfried Hübner

Anlagen

Anfangen, „das Evangelium besser zu verstehen!"

Dank und Abschied am 9. Januar 2013

Gesegnetes Altern im Glauben

Anfangen, „das Evangelium besser zu verstehen"

Angelo Roncalli verwies gern auf die „Substanz" christlichen Glaubens.

Was meinte er damit?

Auch hierzu ist festzustellen, wie früh er erkannt hat, dass es für heutige Christen notwendig wird, herauszufinden und sich an das zu halten, was „wesentlich" im christlichen Glauben und Leben ist. Die Frage danach war ihm daran aufgegangen, wie man ihn angeleitet hatte, die Heiligen als Vorbilder zu betrachten.

„Das System ist falsch!", notierte er schon 1903 in sein Tagebuch. „Von den Tugenden der Heiligen muss ich die Substanz und nicht die Akzidentien", d.h. alles, was dem gegenüber zweitrangig ist, „übernehmen".

Gott will, dass wir deren „lebendigen Saft" in uns „einsaugen, ihn in unser Blut umwandeln", ihn unseren eigenen Lebensumständen „anpassen". In der Vorbereitung auf das Konzil rief er dazu auf, sich zu besinnen auf „das Wesentliche des christlichen Denkens und Lebens", auf den „heiligen Ursprung der Kirche", ihr „ewiges Evangelium". Um diese „Substanz" ging es ihm auch, als er am Beginn des Konzils zu einem „Sprung nach vorn" aufforderte, der „einem vertieften Glaubensverständnis und der Formung des Gewissens" zugute kommen sollte.

Das lässt an jenen innersten Grund des christlichen Glaubens denken, in dem ein vertieftes Glaubensverständnis und der Appell des eigenen Gewissens, die Wahrheit zu tun, als unauflösliche Einheit erfahren werden.

Er selbst hatte diesen „Sprung nach vorn" schon längst getan. Das war ihm wie von selbst dadurch gelungen, dass er das, was wir alle aus dem Evangelium als „das größte Gebot" kennen, wirklich ernst genommen und beherzigt hat: die Liebe zu Gott aus ganzem Herzen und die Liebe zu den Menschen so, wie Gott uns Menschen liebt. (Mt 22,37 - 40; vgl. Mt 5,44f; 48)

Im Lichte der Zeichen der Zeit hatte er erkannt, wie dieses große Gebot uns heute auffordert, gewohnte Grenzen zu überschreiten: in „uneigennütziger Liebe" auch zu „Anderen".

Diejenigen, die wir als katholische Christen als Getrennte und Fernstehende betrachten und behandeln, hat er als „Nächste" erkannt, die wir zuerst lieben sollen, ehe wir darauf ausgehen, sie für uns und unsere Überzeugung zu gewinnen. Der „Sprung nach vorn", den er in der eigenen Kirche für notwendig hielt, sollte nach seinen Vorstellungen dazu dienen, in der ganzen Welt die „Reichweite der uneigennützigen Liebe" auszudehnen.

Auf allen Stationen seines Weges hat er das vorgelebt. So hat er während seiner „ökumenischen Lehrzeit" in den östlichen Ländern schon eingesehen, dass unsere katholische Neigung, uns von anderen Christen und noch mehr von Nichtglaubenden zu unterscheiden und abzugrenzen und in den engen Kreis unserer eigenen Tradition einzuschließen „eine falsche Logik" ist.

Denn Jesus hat die Trennmauern zwischen Menschen niedergerissen, die universale Brüderlichkeit verkündet und alles auf die uneigennützige Liebe als die beherrschende Mitte ausgerichtet. Einem evangelischen Bischof, der ihn während des Konzils fragte, wie lange es noch dauern wird, bis die christliche Einheit verwirklicht würde, erwiderte er: „Mein lieber Bischof, Sie und ich haben sie bereits verwirklicht." Juden, die ihn besuchten, stellte er sich vor: „Ich bin Josef, Euer Bruder." Er pflegte Freundschaft mit Atheisten.

Einen von ihnen bezeichnete er sogar als seinen „Lieblingsungläubigen".

Einen „abgefallenen Katholiken", der Kommunist geworden war und in „wilder Ehe" lebte, betraute er zum Entsetzen seiner Umgebung im Vatikan mit künstlerischen Arbeiten am Petersdom.

Als es um die Frage ging, ob er der Tochter und dem Schwiegersohn des Moskauer Partei- und Staatschefs Chruschtschow eine Audienz gewähren könne, und man ihm dringend davon abriet, entgegnete er: „Ich würde mein Wort brechen und mein ganzes früheres Verhalten verurteilen, wenn ich es ablehnte, jemanden zu empfangen, der höflich und aufrichtig gebeten hat, mich zu sehen und mir eine Botschaft und ein Geschenk zu bringen."

Wenige Tage vor seinem Tod hat er als ein letztes Bekenntnis seines Glaubens vor Zeugen ausgesprochen, wovon wir uns heute „zum Wohl der ganzen Welt" leiten lassen müssen:

„Mehr denn je, bestimmt mehr als in den letzten Jahrhunderten, sind wir heute darauf ausgerichtet, dem Menschen als solchem zu dienen, nicht bloß den Katholiken, darauf, in erster Linie und überall die Rechte der menschlichen Person und nicht nur diejenigen der katholischen Kirche zu verteidigen.

Die heutige Situation, die Herausforderung der letzten 50 Jahre und ein tieferes Glaubensverständnis haben uns mit neuen Realitäten konfrontiert... Nicht das Evangelium ist es, das sich verändert; nein, wir sind es, die gerade anfangen, es besser zu verstehen."

Von seinem Sterbebett aus forderte er die Umstehenden auf, auf das Kreuz zu schauen: „Schaut hin, seht es, wie ich es sehe. Diese offenen Arme sind das Programm meines Pontifikats gewesen: Sie sagen, dass Christus für alle starb, für alle. Niemand ist ausgeschlossen aus seiner Liebe, seiner Vergebung."

Anmerkung:

Dieser Text ist ein Kapitel aus dem Buch:

„Aufbruch im Glauben mit Papst Johannes XXIII." von Siegfried Hübner / Franz Georg Friemel (Hrsg.) ISBN: 9783754341223, BoD Verlag Norderstedt

Gesegnetes Altern im Glauben von Siegfried Hübner

„Vertraut den neuen Wegen, auf die der Herr uns führt...“ So singen wir in einem Lied aus unserem „Gotteslob“. Es erinnert uns daran, dass wir im Leben nicht stehen bleiben dürfen, sondern „wandern“ müssen: „Wer aufbricht, der kann hoffen, in Zeit und Ewigkeit.“ den Text dieses Liedes hat ein evangelischer Christ geschrieben, Klaus-Peter Hertzsch, Pfarrer und theologischer Lehrer in Jena, im Jahre 1989, als sich uns durch unvergessliche politische Ereignisse die Tore zu „neuen Wegen“ öffneten. Er war damals 59 Jahre alt. Zwanzig Jahre später, als 78-Jähriger, hat er ein kleines Buch geschrieben: „Chancen des Alters“. Da hat er über die „neuen Wege“ nachgedacht, auf die er inzwischen geführt worden war, als alternder Mensch, über den „Aufbruch“, der in unserem Leben gerade dann fällig wird, wenn unsere Lebenskraft dahinschwindet, wir am Ende dieser Lebensphase des Alterns nichts anderes in unserem irdischen Leben mehr vor uns sehen als unser Sterben, wir aber als Christen glauben sollen, dass wir gerade auf diesem Weg in ein Land „hell und weit“, in die Ewigkeit Gottes geführt werden. Darüber, unsere Chancen des Alterns im Glauben, wollen wir etwas nachdenken.

Klaus-Peter Hertzsch hat seine Gedanken in wenigen Sätzen zusammengefasst, von denen der erste lautet: „Niemand weiß, was Altsein wirklich bedeutet, ehe er selber alt ist.“

Das wird ihm selbst daran bewusst geworden sein, wie verschieden er die „neuen Wege, auf die der Herr uns führt", erlebt hat, damals 1989, als er sein Lied schrieb, – und später, wenn er es in seinem bald beginnenden und fortschreitenden Altern erneut las – an dem, was er inzwischen hinzulernte, auf dem schmerzlichen Weg von Verzichten, Abschieden, Leiden, wie wir sie als Vorzeichen des immer näher kommenden Endes unseres Lebenswegs erfahren. Da wir jetzt als „Senioren" beisammen sind, wissen auch wir alle ein Lied von diesen „neuen Wegen" zu singen. Deshalb brauchen wir uns darüber, was Altsein bedeutet, nicht gegenseitig aufklären. Jeder möge selbst das eine oder andere hochkommen lassen, was ihm sofort einfällt, wenn er sich an sein eigenes Altern erinnert, – oder an Befürchtungen, wie unser eigener Lebensweg wohl weitergehen und enden werde, – vielleicht auch daran, was für eine Rolle wir als alte Menschen in unserer heutigen Gesellschaft spielen, nicht mehr wegen unseres „Seltenheitswerts" oder wegen unserer Lebenserfahrung so hoch geschätzt wie früher, sondern eher mehr und mehr als zum „alten Eisen" gehörend in einer sich verändernden neuen Welt, in der die nach uns Kommenden schon mehr zuhause sind, als wir es noch sein können.

Aber an einiges, was wir manchmal vergessen, sollten wir uns zu Beginn unserer Besinnung über die Chancen des Alterns im Glauben wohl doch gemeinsam erinnern. Zunächst: Es ist gar nicht selbstverständlich, dass wir diese Lebensphase erleben. Wie vielen Menschen bleiben die „neuen Wege" unseres menschlichen Alterns von vornherein versagt oder, wie wir manchmal denken mögen, erspart!

Auf Ganze gesehen, müssen wir uns sagen: Altern zu erleben ist trotz allem Missfälligen, was es mit sich bringt, ein Geschenk, das wir dankbar anzunehmen haben. Damit aber zugleich eine „wirklich ernste Sache" (Karl Rahner), eine Aufgabe, die wir verantwortungsbewusst bedenken und erfüllen sollen. Gerade als Menschen, die Jesus Christus begegnet sind, haben wir allen Grund dazu. Jesus selbst, der „Anfänger und Vollender des Glaubens" (Hebr 12,2), hat diese menschliche Lebensphase nicht erlebt. Das heißt nicht, das wäre auch für uns das Bessere. Wir müssen uns vielmehr das Wort der Heiligen Schrift zu eigen machen: „Für den Leib Christi, die Kirche, ergänze ich in meinem irdischen Leben das, was an den Leiden Christi noch fehlt" (Kol 1, 24). – Und weiter: Altern kann recht unterschiedlich erlebt werden. Schon einmal von den verschiedenen Stadien dieser Lebensphase her, ob wir noch an deren Anfang oder näher an deren Ende stehen. Im einen Fall können einem – nach Entlastung und Freiwerden von beruflichen und elterlichen Pflichten – noch lebensfrohe Jahre geschenkt werden, mit Reisen, neuen Erkenntnissen und Erlebnissen, ehrenamtlichen Aktivitäten, Jahre, ja Jahrzehnte, die als schönste des ganzen Lebens empfunden werden, während im anderen Fall einer das Versiegen seiner körperlichen und womöglich auch geistigen Kräfte erlebt, er heimgesucht werden kann von schrecklichen Alterskrankheiten, er als Mensch, als verantwortliche Person vielleicht schon eher stirbt, als der biologische Tod eintritt. So unterschiedlich kann Altern uns beschieden sein, dass wir uns sagen müssen: So wie jeder Mensch ganz einmalig ist, jeder seinen eigenen Tod stirbt, so muss auch ein jeder, der diese Phase des Alterns erlebt, sein eigenes Altern annehmen und bestehen.

Das ist nun auch von den Chancen des Alterns im Glauben zu sagen. Auch diese können uns in unterschiedlicher Weise gegeben sein. Klaus-Peter Hertzsch sagt in seinem letzten Satz zu dieser Frage: „Der Trost des Evangeliums kehrt im Alter zu seinen Ursprüngen zurück". Das kann – wie es bei ihm, der in einem evangelischen Pfarrhaus mit der Bibel aufgewachsen ist, anklingt – meinen: zu den Wurzeln der ersten, kindlichen Begegnung mit dem Evangelium, mit den biblischen Geschichten von Gott und seinem Volk, den Worten Jesu und den wunderbaren Berichten des Evangeliums. Es gibt dieses selige Altern im Glauben, in dem ein Mensch sich des Glaubens seiner Kindheit erinnert, so – obwohl niemand, was auch Klaus-Peter Hertzsch weiß, einfach in seine Kindheit zurückkehren kann! – im Alter wieder fromm oder frömmer wird als zuvor. Das soll, auch mit allem, was wir weiterhin bedenken wollen, nicht in Frage gestellt werden. Der Satz kann aber auch meinen: Im Alter müssen wir den Trost des Evangeliums durch alles Vordergründige im Glauben und kirchlichen Leben hindurch in seinem tiefsten Grund und lebendigen Ursprung suchen, in dem Geheimnis, das wir Gott nennen, in dem Gott, der nicht nur vor Zeiten sein Wort gesagt hat, dessen Wort in Jesus Mensch geworden ist, sondern der keinem von uns fern ist, in dem wir „leben, uns bewegen und sind" (Apg 17,28), den wir als Grund und Ursprung unseres Glaubens auch in unserem eigenen Leben und Herzen suchen und finden können.

Diese zuletzt genannte Weise der Rückkehr zu den Ursprüngen des Glaubens ist für die meisten von uns, die wir unseren Glauben in der Zeit und Welt einer unheimlichen Krise des Gottesglaubens leben müssen, gewiss eher aktuell als die andere. Deshalb will ich euch auch dazu ein paar hoffentlich hilfreiche Anregungen geben. Ich könnte dazu einfach etwas darüber sagen, wie ich selbst das Altern im Glauben erlebe. Aber ich will lieber von ein paar Menschen erzählen, in denen ich Vorbilder und Wegweiser für das sehe, was ich von mir selbst berichten könnte. Es sind Theologen, deren Beruf es ja ist, über den Glauben nachzudenken, ihn im Blick auf die Wirklichkeit, wie wir sie erleben, zu „aktualisieren" und dadurch mitzuhelfen, ihn auf „neuen Wegen" auch neu zu verstehen.

Joseph Wittigs „Roman mit Gott"

Da will ich zuerst erinnern an einen heute schon fast vergessenen schlesischen Priester und Theologen: Joseph Wittig. Er hat in der ersten Hälfte des vorigen Jahrhunderts gelebt, geboren 1879 in der Grafschaft Glatz, gestorben, nach der Vertreibung aus seiner Heimat, 1949 in Westdeutschland. Er war damals vielen deutschen Katholiken bekannt, als beliebter Volksschriftsteller, aber auch wegen seines tragischen Lebenswegs in unserer Kirche. Ich selbst bin ihm nicht mehr persönlich begegnet, wohl aber einem seiner engsten und treuesten priesterlichen Freunde. Weil er durch Kindheitserlebnisse mit dem katholischen Beichten-Müssen, und später auch durch Erfahrungen als Beichtvater darunter litt, dass viele Menschen ihr Christsein mehr als Last, als die durch Jesus Christus geschenkte Freude und Freiheit, als wirkliche „Erlösung", erleben, trat er dafür ein und suchte nach Wegen, das Evangelium wieder zu einer Frohbotschaft werden zu lassen. Das hatte zum Konflikt mit seinen kirchlichen Vorgesetzten geführt. Er war exkommuniziert worden, konnte seinen geliebten Beruf als Priester und Theologe nicht mehr ausüben, gründete eine Familie, hielt aber unerschütterlich am Glauben und an seiner Kirche fest. Überraschend erlebte er im Alter, noch in Schlesien, dass die Kirche sich großzügig mit ihm versöhnte. Auf ihn wurden unlängst Theologen wieder aufmerksam. Anlass war ein wissenschaftlicher Kongress unter dem Thema „Radikalität des Alters". Da erinnerte man sich: Dieser schwer geprüfte alte Priester hatte doch ein eindringliches Zeugnis dafür hinterlassen, auf welche „radikalen" Wege, Wege zu den „Wurzeln" des Glaubens, Menschen geführt werden können, gerade in ihrem Alter.

Joseph Wittig hatte nach dem Krieg, unmittelbar nach den auf das Kriegsende folgenden entsetzlichen Erlebnissen, zwischen dem St. Michaelstag 1945 und dem Epiphaniefest 1946, einen „Roman mit Gott" geschrieben, „Tagebuchblätter der Anfechtung", wie es im Untertitel des nach seinem Tod erschienenen Buchs heißt. Er sagt selbst, es sei das Wahrste, was er je geschrieben habe, wie auf einen inneren Befehl, in mehr als hundert Nächten. Er habe das Buch im Zorn begonnen und im Frieden vollendet. Und er beschreibt, was er erlebt hat. Gott, wie er seit seiner Kindheit an ihn geglaubt habe, sei ihm „in das Nichts" versunken. Er habe nicht mehr beten können. Nur traurig habe er darauf zurückblicken können, wie auf eine „unglückliche Liebe".

Das war der Beginn im Zorn. Aber dabei blieb es nicht. Er hat Gott wieder gefunden. Aber nicht, indem er vor der Wirklichkeit, die er erfahren hatte, die Augen verschloss, sondern ihr standhielt, sie wirklich „wahr"-nahm. Er hat Gott wiedergefunden in diesem „Nichts", – als den Gott, der – wie er schreibt – außerhalb und jenseits „des ganzen Bereichs der Begriffe, Namen und Worte" gesucht werden muss, der „tröstend und liebend" wirkt, der „wie ein leiser Morgenwind" durch unsere Seelen weht, oder „leuchtet wie der rosige Rand einer Wolke beim Sonnenuntergang", dem wir als „Wandernden" begegnen und der uns als solcher überall, in jedem Menschen, treffen kann. Er hat neu beten gelernt, „Vater", „Du" zu sagen in dieses „Nichts" hinein. Darin hat er Trost und Frieden gefunden, für den weiteren Weg seines Alterns, bis in sein Sterben hinein.

Spricht dieses Erlebnis eines alten Menschen, wie er es in seinem „Roman mit Gott" beschreibt, uns als Glaubende in der Situation, in der wir leben, nicht eigenartig, wie Betroffene, an? Weil das, was er erlebt hat, wie einem Menschen Gott in das „Nichts" versinkt, heute doch kein seltsamer Ausnahmefall ist, sondern etwas, was wir nicht nur rings um uns „massenhaft" erleben, sondern von dem auch wir als Glaubende im eigenen Herzen berührt werden, zu dem wir in unserer Kirche sogar aufgefordert werden, darin das allerwichtigste „Zeichen der Zeit" zu sehen, das wir beachten, von dem wir uns bewegen lassen müssten. Und weil sein Erlebnis uns ahnen lässt, wie gerade etwas, was den Glauben tödlich zu gefährden scheint, zu einem Weg werden kann, Gott wiederzufinden, „größer", „wirklicher" als vor seinem Versinken ins Nichts, in einem „radikaleren" Glauben, als wir ihn von Kindheit an gewohnt waren.

Als dieser „Roman mit Gott" von Joseph Wittig 1950 erschien, wurde er längst nicht so beachtet, wie es schon damals an der Zeit gewesen wäre. So mancher Leser hat damals den einzig springenden Punkt in diesem Lebensbericht, die „Bekehrung" zu einem radikaleren Glauben und die Verwandlung, die sie bewirkt, gar nicht erkannt. Aber seitdem hat sich dieses „Nichts", von dem er sprach, so unüberhörbar zu Wort gemeldet, sich uns so als Frage aufgedrängt, dass es nicht unbeachtet bleiben konnte. Viele Theologen haben seitdem über dieses „Nichts" nachgedacht und dabei erkannt: Auch die Erfahrung, Gott sei in das „Nichts" versunken, ist eine „religiöse" Erfahrung. Wir müssen sie nur annehmen, uns ihr stellen, dürfen nicht dauernd davor flüchten, wie es die meisten Menschen tun, die zwar alle dieses „Nichts" erfahren und davon reden, aber doch nichts mit ihm zu tun haben wollen, so denken und leben, als ginge sie dieses „Nichts" gar nichts an. Wenn wir das aber tun, diese Erfahrung annehmen und uns ihr stellen, dann gehen uns die Augen auf für das „Licht des Nichts", entdecken wir an diesem „Nichts" Merkmale, wie wir sie im Katechismus als „Eigenschaften" Gottes gelernt haben: es ist „unendlich", „ewig", „allgegenwärtig", durchdringt „alles, was es gibt", aber vergänglich ist. Wir können nicht darüber verfügen, es nicht abschaffen, es geht uns „unbedingt" an, wir können schließlich nur vor ihm kapitulieren. Aber das Wichtigste: Dieses „Nichts" ist geheimnisvoll, zweideutig.

Wir wissen nicht, was es „eigentlich" ist: das „leere" Nichts, als das es uns erscheint, das Nichts einer letzten und endgültigen Nichtigkeit und Sinnlosigkeit von allem, „was es gibt", – oder das „Nichts", in dem sich Gott verbirgt als der für uns Menschen unbegreiflich Geheimnisvolle, den wir nicht mit irgend etwas anderem verwechseln dürfen, verbergen muss, damit er in unseren Augen und in unserem Denken nicht zu einem Götzen wird. Beides können wir glauben. Damit stellt dieses „Nichts" uns unerbittlich vor die eigentliche und letztlich einzige Frage, um die es in unserem Leben als Menschen geht, ruft uns an, uns in Freiheit und „existenziell", auf Leben und Tod, zu entscheiden, für das eine oder für das andere. Und je älter wir werden, je mehr wir unser Sterben wie in ein Nichts hinein auf uns zukommen sehen, umso unausweichlicher erfahren wir diese Frage, umso mehr können wir unser Altern als die Chance verstehen, sie entschieden und endgültig zu beantworten. Als Christen dürfen wir uns sagen: Es ist die Chance, das

JA zu verwirklichen, so, wie es in Jesus Christus verwirklicht ist (2 Kor 1,19).

Das Thema, auf das wir im Rückblick auf Joseph Wittig gestoßen sind, könnten wir – in vielen Variationen, wie Theologen es bedenken – noch lange weiter verfolgen. Aber wenden wir uns erst einem anderen Wegweiser für gesegnetes Altern im Glauben zu.

Kardinal Carlo Martinis „Jerusalemer Nachtgespräche"

Als Nächstes will ich euch vorstellen, wie ein hochangesehener Kardinal unserer Kirche uns für ein gesegnetes Altern im Glauben Vorbild sein kann: Carlo Martini.

Er war ein weltbekannter Bibelwissenschaftler, von 1979 bis 2002 Erzbischof von Mailand. Bei der Papstwahl im Jahre 2005 galt er als möglicher Nachfolger von Papst Johannes Paul II. und soll zunächst auch viele Stimmen auf sich vereinigt haben. Vermutlich war seine sich damals schon abzeichnende Parkinson-Erkrankung ein Hinderungsgrund. Er ist Jesuit. Als 80-Jähriger hat er mit einem jüngeren Mitbruder ein kleines Buch veröffentlicht: „Jerusalemer Nachtgespräche. Über das Risiko des Glaubens". Das empfehle ich gern zur aufmerksamen Lektüre, als Zeugnis dafür, wie wir unseren katholischen Glauben treu bewahren, ihn aber zugleich so „offen" verstehen und leben können, wie es heute, in unserer jetzigen Situation notwendig wird.

Er spricht selbst unüberhörbar aus, wie er alternd gelernt habe, seinen Glauben anders zu verstehen als vorher, wie er z. B. früher von Gott gedacht, von der Kirche geträumt habe, das aber jetzt so nicht mehr tue, im Alter ganz andere Akzente setze. Dazu fallen aufschlussreiche Sätze: „Du kannst Gott nicht katholisch machen!" Das sagt er sich selbst und denen, die meinen, dass sie das tun müssten. Wir dürfen „die Grenzen und Abgrenzungen", die wir machen und brauchen, „nicht mit Gott verwechseln, dessen Herz immer weiter ist".

Als katholische Christen müsse es uns um die „Weite des Katholischen" gehen. „Ja, ich will eine offene Kirche, eine Kirche, deren Tore für die Jugend offen sind, deren Blick in die Weite gerichtet ist", in einer Menschheit, die wir „auf das große Ziel zugehen" sehen, „wo Gott alles in allem ist".

Für diese Öffnung, die er alternd gelernt hat, ist es bezeichnend, dass er seinen Ruhestand in Jerusalem verbringen will, nicht bloß, weil ihm das Heilige Land von Kindheit an und durch seine wissenschaftliche Arbeit lieb geworden war, sondern vor allem, weil sich dort der Unfrieden der ganzen Welt konzentriert, aber auch die immer noch stärkere Hoffnung auf einen Frieden, der von den Religionen, die dort aufeinandertreffen, ausgehen müsste.

Nach dem „Kern" seiner Spiritualität befragt, antwortet er: „Viel wichtiger als eine bestimmte Religion und eine äußere Form ist für mich, dass wir Gott suchen, ehrlich und bereit, uns hinzugeben" Und im Hinblick auf Menschen, die das nicht tun, die Gott vergessen, sich zum Unglauben entscheiden, sich auf schreckliche Weise vor Gott und den Menschen versündigen, kann er sehr gelassen bleiben. An einen Atheisten hätte er, wenn er ihm begegnet, zwar viele Fragen, würde ihn aber zu nichts überreden. Er würde ihm eher sagen, er solle sein Leben ohne den Glauben an Gott ausprobieren, dabei aber auch nachdenken. Vielleicht finde er dabei selbst oder durch die Begegnung mit glaubenden Menschen, was dem Leben Sinn und Freude gibt.

Er bekennt, alternd zu einem großen Optimisten geworden zu sein.

„Das Leben hat mir gezeigt, dass Gott gut ist und für jeden den Weg bereitet". Er muss zwar die Frage offen lassen, wie Gott früher oder später alle Menschen erlöst, auch die, bei denen wir uns das nicht vorstellen können. Aber er hält fest an der Hoffnung, „dass am Schluss die Liebe Gottes stärker ist".

Wir haben schon gehört, wie ihm am Herzen liegt, dass die Kirche „offen" auch für die Jugend ist. Das ist ihm so wichtig, weil es dabei ja zugleich um die Offenheit der Kirche für ihre Zukunft geht, die keiner von uns schon kennt oder voraussehen kann. Die meisten von uns wissen aus eigenem Erleben, welche schmerzlichen Probleme und Konflikte heute für uns alternde Menschen im Verhältnis zu unseren Kindern und Enkeln entstehen können, gerade in Dingen des Glaubens und des von unserem Glauben gebotenen „sittlichen Lebens". Darauf kommt Kardinal Martini oft zu sprechen, wohl vor allem deshalb, weil sein Gesprächspartner ein engagierter Jugendseelsorger ist. Was er dazu im Einzelnen sagt, kann uns zu einer ernsten Gewissenserforschung anregen, wie wir selbst dieses Altersproblem sehen und versuchen, damit fertig zu werden. Er gibt sich keinen Illusionen darüber hin, auf welche andere „neuen Wege" unsere Jugendlichen in vieler Beziehung geführt werden, als wir selbst sie für richtig und notwendig halten. Aber dazu ist sein erster wichtigster Grundsatz, sein – wie er selbst sagt – „pastorales Prinzip": „Sie sind Kirche, unabhängig davon, ob sie mit unserem Denken und Vorstellungen oder mit den kirchlichen Vorschriften übereinstimmen oder nicht".

Er ist überzeugt: Die Jugendlichen haben „den Schlüssel zu den religiösen Räumen". Wir, als Erwachsene und Alte, können sie darin eigentlich nur „unterstützen und ermutigen". Jedenfalls müssen wir wissen, dass wir ohne sie „kaum etwas ausrichten" können. Deshalb haben sie uns – auch ihm als Bischof! – „etwas zu sagen". Und von dem, was sie uns zu sagen haben, auch in ihren Nöten und Fragen, müssen wir ausgehen, nicht von dem, was man ihnen beibringen will. Er weiß, dass vieles sich im Verständnis unseres Glaubens und im Leben der Kirche gegenüber dem uns Gewohnten in die Zukunft hinein ändern muss. Da hofft er, dass „das Neue, das wir erwarten und brauchen, am ehesten über die Unbefangenheit der Jugend Eingang in die Welt" finden wird. Er bleibt deshalb auch gelassen und zuversichtlich, wenn sich im Denken und Verhalten unserer Jugendlichen Entwicklungen abzeichnen, die er als Bischof nicht verstehen kann, wo er nur „spürt", dass in ihnen etwas Positives entsteht, z.B. in Richtung auf eine „gesunde und menschliche Sexualität". Solche nicht mehr zu übersehenden Entwicklungen verurteilt er nicht, sondern will sie „wohlwollend, fragend und betend begleiten". Zur Frage, wie wir Älteren unseren Jugendlichen helfen können, hält er es für das Wichtigste, dass sie lernen, nachzudenken und sich zu entscheiden. „Ich möchte denkende Menschen. Das ist das Wichtigste. Dann kommt erst die Frage, ob sie Gläubige sind oder Nichtgläubige. Wer nachdenkt, wird weitergeführt". Genauso kommt es für ihn zuerst mehr darauf an, dass jemand das Sich-Entscheiden lernt, als auf eine ausdrückliche Glaubensentscheidung. „Wer keine Entscheidung trifft, verpasst sein Leben".

Dagegen ist eine falsche Entscheidung, die passieren kann, das viel geringere Risiko. Deshalb sieht er die größte Gefahr darin, dass Jugendliche sich leichtfertig dem Einfluss der heutigen Medien- und Computerwelt aussetzen und dadurch ihre Entscheidungsfähigkeit und Bindungskraft geschwächt wird, die wir heute mehr als früher zum Glauben brauchen. Da müssten wir ihnen helfen, auf die Stimme ihres Herzens zu hören, sich statt dem Computer lebendigen Menschen zuzuwenden, die „Muskeln" des Bewusstseins, anderen helfen zu können, zu entwickeln, sich für soziale Aufgaben zu engagieren, zu entdecken, dass Geben seliger ist als Nehmen (Apg 20,35). Das wäre auch die wichtigste Hilfe für sie, um

Gott zu finden. Denn „in der Hingabe öffnen sich die Menschen für Gott" Ohne Hingabe „bleibt Gott ein fernes Geheimnis".

Da stehen wir nun dort, wo wir schon in der Erinnerung an Joseph Wittig angelangt waren. Wir sagten: Die letztlich einzige Grundfrage unseres Lebens als Mensch ist die, ob wir das Geheimnis, das sich im „Nichts" verbirgt, vertrauend annehmen. Jetzt müssen wir uns dazu noch sagen lassen: Wir müssen es nicht nur annehmen, sondern diese Annahme muss so geschehen, dass wir uns selbst daraufhin „verlassen", uns in dieses Geheimnis hinein „hingeben". Als Glaubende müssen wir im „Licht des Nichts" und im Blick auf Jesus darin den letzten und tiefsten Sinn unseres Lebens als Mensch suchen und finden. „Gott lieben aus ganzem Herzen" wird das in der Heiligen Schrift genannt, im Alten wie im Neuen Testament (Dtn 6,5; Mt 22,37).

Und eigentlich läuft doch unser ganzes Leben als Mensch darauf zu, uns ganz und total verlassen zu müssen – ob wir wollen oder nicht.

In seinen Nachtgesprächen bekennt Kardinal Martini, wie er das erst in seinem Altern gelernt und verstanden habe. Früher habe er sich alle möglichen anderen Sorgen gemacht. Auch habe er mit Gott gehadert, wenn er an das Sterben gedacht habe, daran, dass es auch in einer erlösten Welt noch das Leid und den Tod gibt. „Selbst als Bischof konnte ich manchmal nicht zum Kruzifix hinauf schauen, weil mich diese Frage quälte... Warum will das

Gott?". Doch je näher er das Sterben auf sich zukommen sieht, umso mehr lernt er zu verstehen: „Ohne das Sterben wären wir nicht imstande, uns ganz Gott hinzugeben. Wir würden uns zur Sicherheit Notausgänge offen halten... Im Tod aber sind wir gezwungen, unsere Hoffnung auf Gott zu setzen und an ihn zu glauben. Ich hoffe, im Tod dieses JA zu Gott sprechen zu können." Er erzählt die Geschichte von einem evangelischen Theologen. Der habe zu seiner Frau auf dem Sterbebett gesagt: „Ich habe ein Leben lang über Gott und das Jenseits nachgedacht, jetzt weiß ich nichts mehr. Außer, dass ich selbst im Tod noch geborgen bin." Und Carlo Martini fügt hinzu: „Das ist auch meine Hoffnung". Wenn auch wir das in unseren alten Tagen lernen würden und sagen könnten, dürften wir danken für ein gesegnetes Altern.

Wie Altern für Karl Rahner „eine wirklich ernste Sache" war

Nun will ich euch aber noch sagen, wie ich selbst auf mein Altern vorbereitet worden bin und wer mir am meisten geholfen hat, es anzunehmen. Das verdanke ich meinem theologischen Lehrer Karl Rahner, dem ich vor dem Abschluss meines Studiums noch begegnet bin. Durch gute Fügungen wurde ich damals nach Innsbruck geschickt. Weil Karl Rahner mit meinen älteren Mitbrüdern im Oratorium des hl. Philipp Neri befreundet war, führte das auch für mich zu einem freundlichen Lehrer-Schüler-Verhältnis. Ich blieb ihm seitdem verbunden, über die trennenden Grenzen hinweg, bis zu seinem Tod 1984.

Da war gleich das erste unvergessliche Erlebnis, wie dieser Lehrer uns in Seminarübungen unter dem Thema „Theologie des Todes" erschloss, was Sterben für unser Leben als Mensch bedeutet, wie wir es im Licht unseres Glaubens als Christen zu verstehen haben: – als das allerwichtigste Ereignis unseres Lebens, weil sich in ihm das, was wir in unserem Leben geworden sind, „vollendet", „endgültig" wird im Geheimnis Gottes; – dass wir lebenslang auf dieses Sterben hin unterwegs sind, ja unser Leben als Mensch in seiner tiefsten Wahrheit schon von Geburt an ein verborgenes Sterben ist; – dass es auf unsere Frage als Christen, wie wir Jesus wohl „nachfolgen" sollen, bei allen ganz verschiedenen Wegen, die Menschen da finden und gehen können, doch nur eine einzige Antwort gibt, die für alle und jeden gilt: Wir müssen ihm nachfolgen als Gekreuzigten, der in das Geheimnis Gottes hinein gestorben ist, sich fallen ließ in die Hände dessen, den er „Vater" nannte, und von dessen Händen aufgenommen wurde, wie es uns in der Botschaft von seiner Auferstehung bezeugt wird. Karl Rahner war damals 43, ich 24 Jahre alt. Im Rückblick muss ich sagen: Erst in den darauf folgenden Lebensjahren, eigentlich erst auf den „neuen Wegen" des Alterns, haben wir – beide! – besser verstehen gelernt, was wir damals schon in Gedanken erwägen und in Worten sagen konnten.

Ich erinnere mich an seinen Besuch in Erfurt und Leipzig im Jahr 1983, ein Jahr vor seinem Tod. Er war damals 79, ich 60 Jahre alt. Wir hatten in allem, was verplant ablief, etwas Zeit, ungestört miteinander zu sprechen. Ich hatte gerade eine Operation überstanden, vor der ich mir gesagt hatte: Jetzt musst du selbst einmal wirklich das tun, was du schon oft anderen geraten hast, wenn sie auf das Sterben gefasst sein mussten. Er hatte seine Mutter in ihrem Sterben begleitet. Die war 101 Jahre alt geworden, hatte also noch miterlebt, wie auch ihr Sohn alt wurde. Sie hatte ihm rechtzeitig, als sie es für nötig hielt, gesagt: Karl, jetzt wird es Zeit, dass wir beide uns auf den Tod vorbereiten! Das Thema unseres Gesprächs war das Wenige und ganz Einfache, aber letztlich einzig Entscheidende, auf das es dann ankommt, „unter" allem, was „äußerlich" geschieht, auch unter allen heiligen „Zeichen" des Glaubens, wie es die Sakramente der Kirche, viele fromme Worte sind, die uns für diesen „Fall" empfohlen oder vorgesagt werden: die schweigende vertrauende Hingabe unseres Lebens in das Geheimnis Gottes hinein, nicht nur in Gedanken und Worten, sondern mit unserer ganzen „Existenz", mit allem, was wir sind, denken und haben.

Karl Rahner hat den Rat seiner Mutter befolgt. Als er als 76-Jähriger einen Besuch bei Papst Johannes Paul II. machte, hat er auf die Frage, wie es ihm gehe, geantwortet: Ich bin emeritiert, lebe in München und warte auf den Tod. Er erzählte, dass der Papst von dieser Antwort überrascht war, als ob er sie nicht recht verstehen könne. Aber es sei doch eigentlich richtig gewesen, wie er geantwortet habe. In solchem Warten auf den Tod hat er mehr und mehr das gelernt, worum es in unserer Besinnung geht: „radikaler" zu glauben. Je älter er werde – so sagte er selbst –, desto klarer gehe ihm auf, was der Tod eigentlich ist und was in ihm geschieht. Im Tod übersteige sich der Mensch auf Gott hin, so wie Gott wirklich ist, unbegreiflich, uns in Frage stellend und bedrängend. Was das im Einzelnen für das Verstehen und Leben des Glaubens bedeutet, hat er in unzähligen Vorträgen und „Schriften" – noch in seinem Altern – zu bedenken gegeben. Ich habe das in seinen letzten Lebensjahren aufmerksam verfolgt und zehre jetzt, über zwei Jahrzehnte nach seinem Tod, noch immer davon. Damals hatte ich oft den Eindruck, immer noch eine tiefere Schicht unseres Menschseins und unseres Glaubens entdeckt zu bekommen, als es mir selbst schon bewusst geworden war oder ich es von anderen Helfern zum Glauben gehört hatte.

In mehreren Aufsätzen und Vorträgen hat er seinen Lesern und Hörern das Altern als „eine wirklich ernste Sache" ans Herz gelegt. Je mehr uns nämlich aufgeht, was gemeint ist, wenn wir Gott sagen, umso mehr erkennen wir auch, was „eigentlich" unser Leben als Mensch, ob kurz oder lang, auf das Geheimnis Gottes hin ist: der kurze Augenblick, in dem durch die Tat, die „Explosion" unserer Freiheit, das wird, was wir einmal endgültig im Geheimnis Gottes sein werden. In unserem Altern können wir unser ganzes Leben, das schon hinter uns liegt, nochmals vor uns bringen und ihm durch eine neue, ausdrücklichere und tiefere Glaubensentscheidung als bisher unser „JA" zu Gott wie ein Siegel aufprägen, notfalls auch durch eine entschiedene Um- oder Neu-orientierung.

Eine Predigt, in der er Kranken Trost und Zuversicht zusprechen wollte, hat er überschrieben: Die Fragen annehmen! Damit meinte er die Fragen, auf die es keine Antwort gibt: Warum gerade ich? Warum überhaupt das ganze Elend und Leid in der Welt? Er hat ihnen erklärt, dass es solche Fragen gibt, die wir offen lassen müssen, die wir als offene annehmen müssen, weil die Antwort auf sie Gott selber ist, Gott, der in solchen Fragen „inwendig" schon da ist, als die Antwort, die wir aber nur vernehmen, „wenn wir in bedingungslos anbetender Liebe uns selbst an Gott weggeben", in einer „Liebe, die sich selbst über Gott vergisst".

Oft ist Karl Rahner darauf eingegangen, wie wir im Alter lernen können, „radikaler" zu beten, als wir es von Kindheit an gewohnt sind. Auch hier gilt: Gerade, was das Beten tödlich gefährdet, lässt uns tiefer verstehen, was Gebet eigentlich ist, hilft uns, damit „radikal", von seinen tiefsten, lebendigen Wurzel her, neu anzufangen. Wenn Gott uns in das „Nichts" versinkt, dann stirbt auch das Gebet, auch dann, wenn einem Menschen durch diese Erfahrung Gott als „größer", „wirklicher", als er bisher an ihn glaubte, als ganz und gar unbegreiflich aufgeht. Denn dabei wird ihm auch bewusst, dass er mit dem „wirklichen" Gott, der Geheimnis ist, das uns umfasst und durchdringt, jedenfalls nicht so reden kann, wie mit einem Jemand in einem zwischenmenschlichen Ge-spräch. Wenn wir uns von dem Geheimnis, das wir erfahren, nicht zur liebenden Hingabe bewegen lassen, „dann verfinstert sich für uns auch die Möglichkeit des Gebetes als Anrede an Gott", wird Gott für uns „das fast drohende, abweisende... dunkle Geheimnis, vor dem uns das Wort im Halse stecken bleibt. Wenn wir aber... den Mut finden, doch in diese Finsternis hinein hoffend und vertrauend Du zu rufen, wenn wir es immer wieder tun, wenn wir nicht anmaßend verlangen, dass sofort aus dieser schweigenden Finsternis heraus eine... Antwort kommt, die... etwas anderes ist als eben diese sanft und still bergende Anwesenheit dieses Geheimnisses selbst, dann merken wir, dass man Du zu Gott sagen kann". Solche „Ur-Worte" des Betens – „Du", „Vater" –, wie Jesus sie uns vorgesprochen hat, müssen wir sagen. Aber zugleich müssen sie immer „letzte Worte vor dem Verstummen" sein, weil unsere wirkliche Selbsthingabe – in schweigender Anbetung oder in der wortlosen Tat selbstloser Liebe – das allein Entscheidende ist. In solchem Du-Sagen ins Geheimnis Gottes hinein könnten wir vielleicht auch „erfahren", dass wir damit nur nachsprechen, was zuvor schon der Geist Gottes in unserem Herzen gerufen hat (Röm 8,15), und dass ja auch er es ist, der uns zu unserer Hingabe bewegt.

Eine Diskussion über die Frage nach Gott, die ausweglos ist, hat Karl Rahner einmal mit den Worten abgebrochen: „Ich glaube, weil ich bete." Gefragt, ob er bete, wollte er nur vorsichtig sagen: „Ich hoffe, dass ich bete. Sehen Sie, wenn ich... immer wieder in großen und kleinen Stunden merke, wie ich an das unsagbare, heilige, liebende Geheimnis grenze, das wir Gott nennen, und wenn ich mich dem stelle, gleichsam auf dieses Geheimnis mich vertrauend, hoffen und liebend einlasse, ...dann bete ich – und ich hoffe, dass ich das tue." Solches „radikale" Gebet bedarf nur weniger Worte. Und diese können von ihrem Ursprung her, unserem Sich-Einlassen auf Gott als Geheimnis, gar nicht „unandächtig" sein, wie so viele andere, mit denen wir gewohnt sind, Gott anzureden. Bei ihnen brauchen wir auch nicht fürchten, dass sie zum „Plappern der Heiden" werden, vor dem Jesus uns warnt (Mt 6,7).

Einem gleichaltrigen Freund hat er zum 80. Geburtstag einen Glückwunsch gewidmet unter dem Titel: „Selige Resignation". Er hat ihn ermutigt, solange es noch Tag ist mit allen noch verbliebenen Kräften zu leben und zu wirken, aber auch damit einverstanden zu sein, mit zunehmendem Alter mehr und mehr „resignieren" zu müssen. Gottes Gnade werde helfen, „das wirkliche und bittere Alter mit Ergebung, Geduld und Hoffnung des ewigen Lebens zu ertragen". Sie werde uns auch, wenn uns das nicht mehr möglich ist, von dieser Aufgabe eines normalen Alters dispensieren. Doch er erinnert ihn vor allem an die „ganz eigentümliche Resignation", die einzuüben, soweit das möglich ist, „die eine und große Aufgabe des Alters bleibt", die „frei von uns selbst und selig macht", die schon in unserer Hoffnung ist, wenn sie nochmals hofft, wirklich Hoffnung zu sein, „sich selbst bedingungslos verstummend dem schweigenden Gott übergibt und nicht einmal mehr kontrollieren will, ob diese Übergabe wirklich da ist", die Resignation, „die unsere höchste und letzte Tat unseres Lebens ist, die bedingungslose Übergabe unserer ganzen Existenz an Gott und seine Unbegreiflichkeit, die sogar im aller-letzten die Tat Gottes selber ist, der uns uns nimmt, indem er selber sich gibt". Dem entsprechend lautete auch Karl Rahners kürzestes Glaubensbekenntnis: „Ich hoffe auf meine Hoffnung und auf Jesus, der sie besiegelt, d.h. ich hoffe Christ zu sein."

In seinem Altern ist Karl Rahner oft gefragt worden, ob er Angst vor dem Tod habe, ob und wie er an das „ewige Leben" glaube, was er aus der Erfahrung seines Alterns im Glauben Jüngeren sagen könne. Seine Antwort wies stets in die Richtung, wie wir sie aus den zuletzt zitierten Worten heraushören können. Von sich selbst sagte er: „Wie lange dauert es noch, bis es für immer Abend ist? Ich weiß es nicht. So macht man weiter, solange noch Tag ist. Am Ende geht man mit leeren Händen fort, ich weiß es; aber so ist es gut. Dann schaut man auf den Gekreuzigten und geht. Was kommt, ist die ewige Unbegreiflichkeit Gottes".

Das möge auch das Schlusswort in unserer heutigen Besinnung auf gesegnetes Altern im Glauben sein. Nehmen wir alle aus ihm wenigstens dieses eine mit in den Alltag unseres weiteren Altern hinein: „So ist es gut!" Und erinnern wir uns vielleicht daran, – spätestens, wenn wir wieder singen: „Vertraut den neuen Wegen, auf die der Herr uns führt..."

Anmerkung: Der Vortrag wurde am 8. 6. 2011 zum Senioren-Treffen in der Pfarrgemeinde St. Kunigunde in Pirna gehalten. Kardinal Carlo Martini verbrachte damals seinen Ruhestand in Jerusalem.

Der entsprechende Text ist ein Kapitel aus dem Buch:

„Gott als Geheimnis des Menschen"

von Siegfried Hübner / Klaus P. Fischer

ISBN: 9783755701231, BoD Verlag Norderstedt

Hochwürden Herrn   Vatikanstadt 14. 5. 2013

Dr. Siegfried Hübner, Dozent i.R.

Siedlung 10

01819 Berggießhübel/Sachsen – GERMANY

Lieber Siegfried!

Dein Brief vom 6. April 2013 war eine große Überra-
schung für mich, für die ich Dir herzlich danke! Wir
hatten ja seit Jahrzehnten nicht mehr direkt voneinander
gehört; so war es schön, einem Gefährten der früheren
Jahre auf diese Weise wieder zu begegnen. Die Fürsten-
rieder Zeiten sind wieder lebendig vor mir aufgestanden,
in denen wir bei großen Meistern Theologie studiert
haben und in einer Zeit des Aufbruchs und der Hoffnung
dem Kommenden entgegengingen, um selbst an der
Erneuerung der Theologie und Kirche mitzuwirken, so
weit es einem jeden gegeben sein würde. Aus Deiner am
9. Januar diesen Jahres gehaltenen Ansprache entnehme
ich, dass Du inzwischen das 90. Lebensjahr vollendet
hast. Dazu gelten Dir meine herzlichen Segenswünsche.
Möge der Herr Dir noch eine gute Zeit schenken, in der
das Ja des Glaubens zu ihm bis zur endgültigen Begegnung hin reifen kann.

Für die beiden beigelegten Abhandlungen danke ich Dir

herzlich. Dazu kann ich vor allem wie Du nach Streit-gesprächen mit Theobald Beer, Heinz Schürmann, Hans Lubscyk zuletzt sagen: „Im Tiefsten sind wir eins." Natürlich gäbe es viel zu diskutieren. Zwei Punkte wenigstens möchte ich kurz ansprechen:

1. Du zielst in allen drei mir übersandten Beiträgen letztlich auf das Wesentlichwerden des Glaubens hin – darauf, dass der Mensch die eigentliche Mitte, das letzte demütige und vertrauende Ja zum Herrn finde. Dies ist zweifellos – gerade in unserer westlichen Situation – sehr wichtig, wie ich auch selber oft zum Ausdruck gebracht habe; Du hast mich mehrfach dazu zitiert. Ich möchte aber nun hinzufügen, dass neben dieser Verwesent-lichung auf das letztlich ganz einfache Ja zu Gott in Christus doch andererseits die Freude an der Fülle, am Reichtum und an der Schönheit des Glaubens hinzutreten muss. Der Glaube darf nicht als ein schweres Gepäck erscheinen, das man möglichst erleichtert. Er soll uns vielmehr als Flügel verständlich werden, die uns tragen und uns Höhe geben und daher kraftvoll sein sollen. Ich denke, wir müssten wieder neu den Menschen auch verständlich machen, wie schön es ist, Jesus zu kennen, ihn möglichst nah zu kennen und so zu erleben, wie durch diese Freundschaft unser Leben reicher und weiter wird. Dazu gehört dann, wie mir scheint, ein wenig um die Heiligen zu wissen, in denen Jahrhunderte das Licht Jesu Christi in immer neuen Brechungen unseren Hori-zont weitet und uns nicht nur Probleme, sondern vor allem und viel mehr Lichter aufsteckt, durch die wir Neues sehen, die uns geleiten und Freude schenken.

2. Gewiss sind wir alle traurig über den Rückgang der Kirchenbesuche, über das Zusammenschmelzen unserer Gemeinden. Und gewiss müssen wir alles tun, um vielen Menschen die Hoffnung des Glaubens zu schenken, so dass ihr Leben Richtung und Sinn erhält. Der Herr hat uns ja gerufen, alle Menschen zu seinen Jüngern zu machen, und dieser universeller Auftrag muss uns ständig drängen und bedrängen. Gleichzeitig aber sind wir sicher darin einig, dass wir nicht erwarten dürfen, wieder die Volkskirche herstellen zu können. In der kulturellen Situation von heute werden die gläubigen Christen unausweichlich eine Minderheit bilden. Nun, Du weißt, ich setze gerade auf die kreativen Minderheiten. Sie sind es, die den Schlüssel zur Zukunft in den Händen haben. Als Konstantin das Toleranz-Edikt für die Christen erließ, waren diese im weiten Reich immer noch eine kleine Minderheit. Aber er hatte scharfsichtig erkannt, dass dieser Minderheit die Zukunft gehörte.

Der kleiner werdenden Schar der Gläubigen müssen wir das Bewusstsein vermitteln, dass sie als kreative Minderheit nicht ein Rest aus vergangenen Zeiten sind, sondern die Träger der Zukunft.

Im übrigen ist durch die weltweiten Erfahrungen, die ich auf meinen Reisen sammeln konnte, mein Bild vom Zustand der Christenheit – so scheint mir – optimistischer, als das Deinige. Weltweit wächst die Kirche und nehmen die geistlichen Berufungen zu. Was kreative Minderheit heißt, habe ich immer wieder an jungen Gemeinschaften erleben können, die voll Freude und

Begeisterung den Glauben leben, die Welt gestalten und Menschen rundum anziehen. Bei den Weltjugendtreffen war es für mich ein großes Erlebnis zu sehen, wie junge Menschen durch den Glauben froh werden. In Australien war man zunächst dieser Versammlung skeptisch gegenübergestanden. Man fürchtete, bei einer so großen Schar an Jugendlichen müsse es zu irgendwelchen Ausschreitungen kommen. Nichts ist geschehen; statt dessen hat sich die Freude der jungen Menschen immer mehr über die ganze Stadt ausgebreitet und auch die Polizisten ergriffen. In Spanien sind mir die Tausende von Freiwilligen aufgefallen, die wochenlang auf jeden Lohn verzichtet haben und an der technischen Vorbereitung des Weltjugendtages gearbeitet haben und so überhaupt erst mit ihrer freiwilligen Arbeit das Gelingen des Tages möglich gemacht haben. Vielleicht klingt das alles etwas apologetisch, aber ich wollte einfach ein wenig aus dem Herzen heraus plaudern.

In alter Verbundenheit grüßt Dich herzlich

Dein Papst Benedikt

Siegfried Hübner OR   Berggießhübel, 8. 9. 2013

Siedlung 10

D-01819 Kurort Berggießhübel / Sachsen

An

S.H. Papst em. Benedikt XVI.

Herrn Dr. Josef Ratzinger

Rom

Lieber Joseph!

Mit Deinem großen Brief vom 14. 5. 2013 hast Du mich
sehr überrascht und mir eine ganz unerwartete große
Freude bereitet. Mit diesem Gruß will ich Dir von Herzen
dafür danken. Ich weiß es hoch zu schätzen, dass Du
Dich in Deiner jetzigen Lebensphase noch an Weg-
gefährten aus so lange vergangenen Zeiten erinnern lässt
und so aufmerksam auf deren Überlegungen eingehst,
wie Du es mir durch Dein Schreiben bezeugst, wohl auch
froh darüber bist „aus dem Herzen heraus plaudern" zu
können.

Dein Brief war deshalb für mich ein kräftiger Anstoß, Erinnerungen, die uns miteinander verbinden, wieder aufleben zu lassen und Dich oft im herzlichen Gedenken in Deinem jetzigen Befinden aufzusuchen. Von den wenigen Begegnungen, die uns noch beschieden waren, nachdem unsere Wege im Sommer 1950 auseinandergingen, ist mir noch am deutlichsten Dein Besuch in unserem Ökumenisch-Theologischen Arbeitskreis in Ostberlin im Februar 1972 lebendig geblieben. Du hast damals zum Thema „Eucharistie und Amt" referiert und eine intensive Diskussion ausgelöst und bestritten, auf deren Protokoll zurückzugreifen noch immer lohnend und lehrreich ist. Nebenbei habe ich damals auch einen lebendigen Eindruck von Deinen Studien zur Promotion und Habilitation mitbekommen. Jetzt bedauere ich, dass ich nicht der Einladung von Bischof Wanke nach Erfurt anlässlich Deines Deutschlandbesuches gefolgt bin. Das wurde mir sofort bewusst, als mein Kollege Feiereis mir kurz danach das schöne Foto schickte, das den Augenblick festhält, wie Ihr Euch gerade die Hand gebt. Das hätte ich selbst auch noch gern in meinem alten Tagen erlebt. Konrad Feiereis ist leider inzwischen gestorben.

Ich habe mich gefreut, aus Deinem Brief zu ersehen, dass Dein überraschenden Verzicht nicht mitbegründet war in einer gewissen Resignation hinsichtlich Deiner Überzeugung, wie ich sie aus Deinen Veröffentlichungen und aus Deinem Wirken in den letzten Jahrzehnten wahrgenommen habe. Das hätte man ja vermuten können. Auch wenn mir das nun nochmals Dein Wort von den „verschiedenen Planeten" bestätigt, auf denen wir in der einen Kirche theologisch leben können, so entspricht dese Erfahrung, die uns damit zugemutet wird, doch wohl viel eher einem Glauben und dem Leben in einer Kirche, in denen es letztlich um Gott geht, als die Feststellung eines „begreiflichen" Einverständnisses. Deshalb meine ich, wir sollten uns beide viel mehr an das „Einssein im Tiefsten", das uns zugesagt haben, halten und dessen erfreuen, als unseren Einsichten und Einschätzungen, insofern sie auseinandergehen und sogar unvereinbar erscheinen, zu leiden.

Deshalb will ich auf die Punkte, die Du in Deinem Brief aufgegriffen hast, auch nur kurz eingehen. Wenn wir beide überzeugt sind, dass es in unserer gegenwärtigen Situation mehr als in früheren Zeiten um eine „Verwesentlichung" des Glaubens, um dessen „Radikalisierung", wie Karl Rahner das gerne nannte, geht, dann können wir gewiss auch darin übereinstimmen, dass dem auch entsprechen müsste, Unwesentliches als solches zu erkennen und es aufzugeben, wenn es sich für Menschen nicht als Hilfe, sondern als Hindernis, womöglich sogar als eine unübersteigbare Barriere, den überlieferten Glauben anzunehmen, auswirkt. Der erste heftige Streit unter den Christus Nachfolgenden betraf jedenfalls diese Frage, und das Tor in die Zukunft des christlichen Glaubens wurde durch jene kühnen Beschlüsse der Leitung der Kirche geöffnet, die nach dem Willen von Papst Johannes XXIII. alle Konzilsväter hätten „meditieren" sollen, um daraus unsere heutigen Notwendigkeiten zu erkennen. Freilich wäre dann im einzelnen „viel zu diskutieren", was im Hinblick auf das Verhältnis unserer Kirche zur konkreten solche „Lasten…, die über das Notwendige hinausgehen" (Apg 15,28 / UR* 18), sind, oder worin um der „wahren Katholizität und Apostolizität der Kirche" willen heute in der Kirche die „gebührende Freiheit walten" sollte (UR* 4). Da werden eben unsere Denk- und Sehweisen weit auseinandergehen können, z.B. in der Frage, welches die „kreativen Minderheiten" sind, auf die heute zu setzen wäre. Kürzlich las ich in unserer Kirchenzeitung unter dem Motto „So bunt ist katholisch" über das „Institut St. Philipp Neri (ISPN)" in Berlin und dessen Begründer berichtet, u.a. auch – was mir vorher bekannt war – von Deiner Mithilfe zur Entstehung.

In dieser Minderheit von ca. 150 Gläubigen, die sich Sonntag für Sonntag versammeln und sich als Oase wahren katholischen Glaubens und Lebens verstehen, kann ich beim besten Willen nicht irgend etwas von dem heute notwendigen „Kreativen" entdecken, sondern nur das „Noch-Weiterleben einer Weise christlichen Denkens und Lebens sehen, die – so, wie es einst den Juden-christen ergangen ist – aussterben wird. Und so wenig ich bestreiten will, dass ein Papst von Rom aus und durch die Erfahrungen seiner Weltreisen zu einem optimistischeren Bild vom Zustand der Christenheit kommen wird, als es sich von unserem hiesigen Standort aus zeigt, so würde ich doch sehr zu bedenken geben, ob man von Massen-erlebnissen aus, wie es die Weltjugendtage sind, undif-ferenziert schließen kann, die Kirche sei jung und schön.

* Unitatis redintegratio

46

Kürzlich war durch die Äußerung Deines Bruders zu hören, Du fühlst Dich in Deiner jetzigen Situation wohl und befreit. Darüber habe ich mich gefreut, und ich wünsche Dir von Herzen, dass Du weiterhin der Kirche und den Menschen so dienen kannst, wie es Dir für die zeit, die Gott Dir noch schenkt, vorgenommen hast.

Sieh' in diesem Gruß ein Zeichen, dass ich Dich auf den letzten Schritten meines Lebensweges, die ich nach Gottes Willen noch zu gehen habe, dabei in herzlichem Gedenken, in Dank und Fürbitte begleiten will!

Dein Siegfried

Nachtrag

<u>Nachruf vom 26. 12. 2017:</u>

Gott hat am Morgen des 24. Dezember 2017 **Dr. Siegfried Hübner CO** im Alter von fast 95 Jahren zu sich gerufen.

Siegfried Hübner wurde 1923 im erzgebirgischen Oelsnitz geboren und studierte Theologie in Paderborn und Innsbruck.

In Leipzig trat Siegfried Hübner in das Oratorium des hl. Philipp Neri ein und wurde dort 1952 zum Priester geweiht. Prägend waren für ihn das II. Vatikanische Konzil, Papst Johannes XXIII. und Karl Rahner; bei Rahner hat er später promoviert.

Nach seinen Kaplansjahren in Naundorf wurde Hübner 1965 Studentenpfarrer in Erfurt und Weimar sowie später Pfarrer in Pirna.

Von 1976 bis zu seiner Emeritierung 1988 lehrte Siegfried Hübner als Dozent für Dogmatik und Ökumenische Theologie am Philosophisch-Theologischen Studium Erfurt (heute Katholisch-Theologische Fakultät der Universität Erfurt). Auch im Ruhestand hat noch Vorträge gehalten und Aufsätze veröffentlicht.

Die letzten Jahre hat Siegfried Hübner mit angeschlagener Gesundheit in Bad Gottleuba-Berggießhübel verbracht. Nun hat sich erfüllt, was er schon vor Jahren selbst formuliert hatte:

„Ich täusche mich nicht darüber hinweg, dass das einzige, was nun noch vor mir liegt und wichtig ist, darin bestehen wird, diesen Weg des Glaubens zu vollenden – ins Geheimnis Gottes hinein."

Oratorium des heiligen Philipp Neri

Stand und Stellung *

Willst du einst der Größte sein,

mache dich zuerst ganz klein.

Sei so fleißig wie die Bienen,

dass du allen froh kannst dienen.

Werkzeug bleib in Gottes Hand -

die kennt keinen Ruhestand!

Hans- Jürgen Sträter

* „Zu derselben Stunde traten die Jünger zu Jesus und sprachen: Wer ist nun der Größte im Himmelreich? Und er rief ein Kind zu sich und stellte es mitten unter sie und sprach: Wahrlich, ich sage euch: Wenn ihr nicht umkehrt und werdet wie die Kinder, so werdet ihr nicht ins Himmelreich kommen. Wer nun sich selbst erniedrigt und wird wie dieses Kind, der ist der Größte im Himmelreich. Und wer ein solches Kind aufnimmt in meinem Namen, der nimmt mich auf." (Matthäus 18, 1-5)